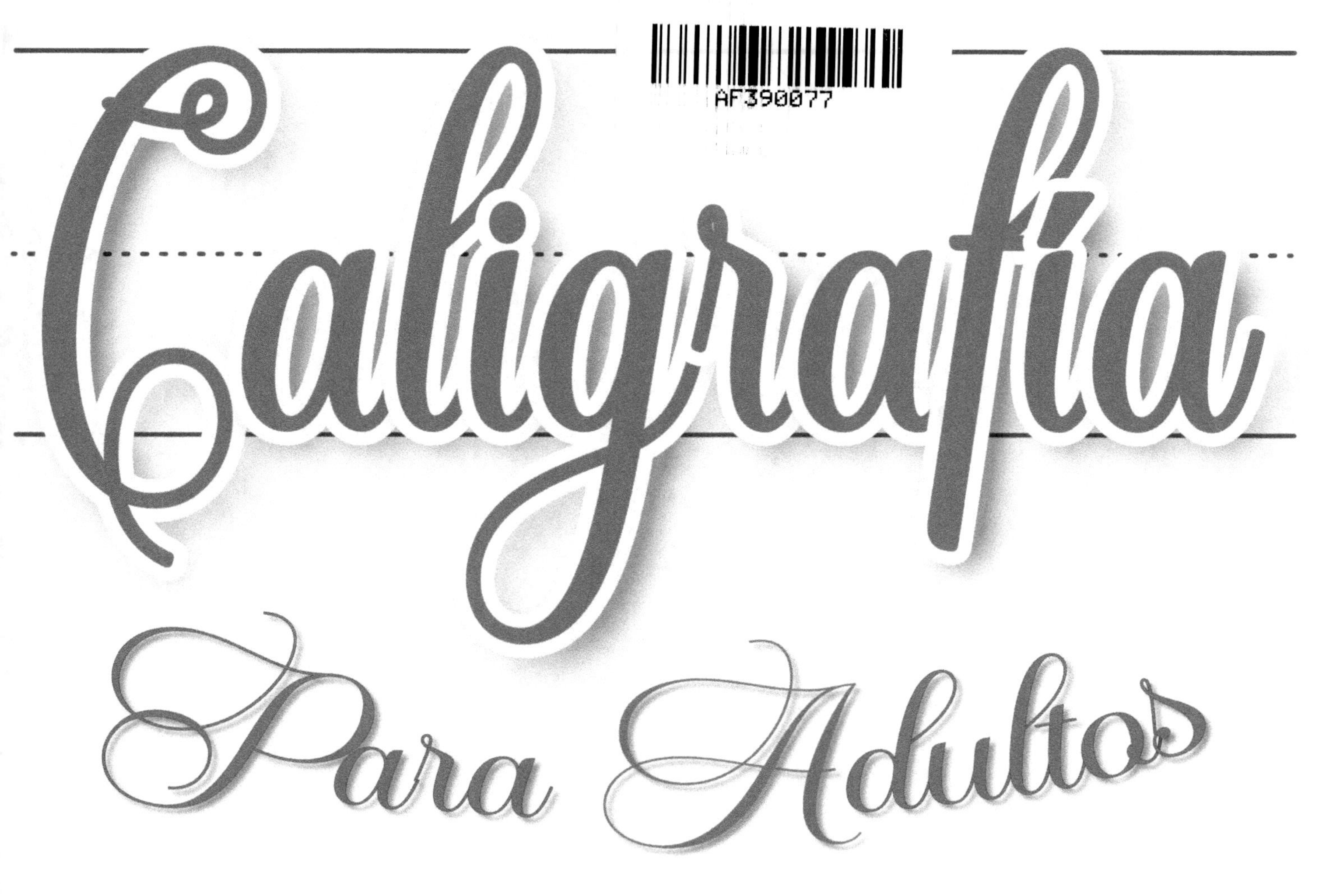
Caligrafía
Para Adultos

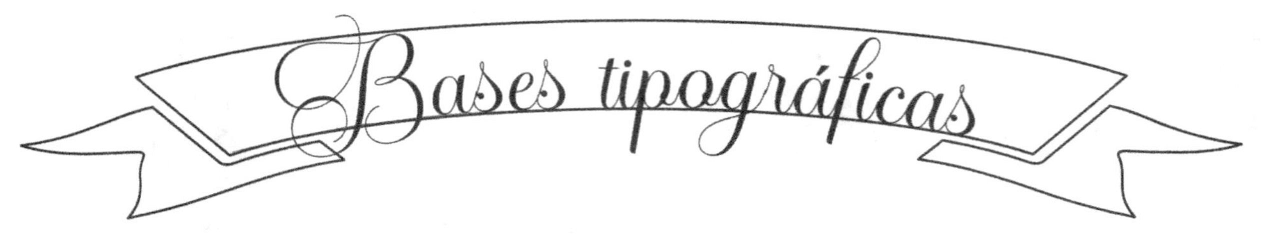

No quiero ser demasiado simplista, pero hay algunos trucos básicos que te permitirán tener éxito en el lettering. Al principio, la postura, el agarre de la pluma y el papel pueden parecer poco importantes, pero en realidad sirven para darte las mejores oportunidades de dominar el lettering.

Cuerpo

Potreste pensare: perché è importante? Ebbene, nel lettering o nella calligrafia (uso le parole in modo intercambiabile, anche se alcuni puristi diranno che è sbagliato. Per fortuna non sono loro a comandare) il movimento della penna o del pennello è fondamentale. È necessario posizionarsi in modo da lasciare alla mano e al braccio la massima libertà di movimento, il che significa che è incredibilmente difficile scrivere e organizzare una festa da ballo allo stesso tempo.

Provate a sedervi a una scrivania, al tavolo della sala da pranzo o in un posto dove i piedi possano essere appoggiati a terra e ci sia una superficie dura davanti a voi. Per scrivere bene, dovrete muovere tutto il braccio, quindi è bene usare la mano non dominante per tenere fermo il foglio. In questo modo si otterrà un maggiore controllo

Bolígrafo

Quando si impugna la penna (o il pennarello o il pennello o qualsiasi altro oggetto di fantasia) si desidera una presa moderata, abbastanza salda da non scivolare dalla mano, ma sufficientemente sciolta da poter fare mulinelli e giri e cambiare spesso la pressione. Per saperne di più, si veda più avanti.

La cosa più importante della penna è che deve essere tenuta in posizione angolata. Anche una penna a pennello è essenzialmente un pennello e se volete sfruttare i tratti del pennello dovrete sfruttare il pennello stesso, se lo usate solo in alto e in basso è impossibile distinguere tra i tratti morbidi verso l'alto e i tratti decisi verso il basso. Lo scoprirete, ve lo assicuro.

È un'abilità nuova, non scoraggiatevi se non la capite subito. Ti assicuro che non hai imparato a camminare al primo tentativo e sei caduto spesso. Grazie a Cod, i tuoi genitori non hanno dato un'occhiata ai tuoi pietosi tentativi e non hanno deciso che camminare non fa per te. Ti hanno lasciato rialzare e continuare a provare. Fate così e vedrete grandi risultati nella vostra mentalità e probabilmente anche nel vostro modo di scrivere!

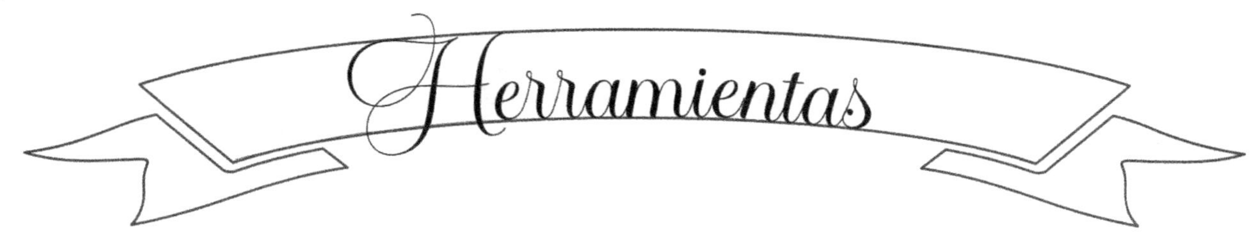

Si lo deseas, puedes adentrarte en la madriguera de la locura artesanal y probablemente gastarte un dineral en suministros. Si ésa es tu pasión, estupendo. En este libro vamos a simplificar las cosas, así que sólo utilizaremos el bolígrafo Fudenosuke y un pincel. Pero algunas opciones típicas son:

★ Lápices

Sencillo, básico, casi cualquiera puede encontrarlo. Es una opción sólida.

★ Bolígrafos

¿No sabes por dónde empezar? Coge un bolígrafo. Los bolígrafos micrométricos son perfectos, pero también puedes darte un capricho con un rotulador o gel y hacerte con una buena monolínea.

★ Rotuladores de pincel

Es la versión moderna de la pluma de ave que se utilizaba en la época colonial y que, si no tienes cuidado, puede convertirse en tu nueva obsesión.

El consejo es que evites empezar con un bolígrafo de pincel grande y suave porque es más difícil de controlar cuando aún estás intentando comprender los movimientos del brazo.

★ Acuarelas

Sí, ha llegado la hora del arte de verdad. Funcionan muy bien y puedes cambiar los pinceles a tu gusto para obtener diferentes resultados. Experimenta, ¡es divertido!

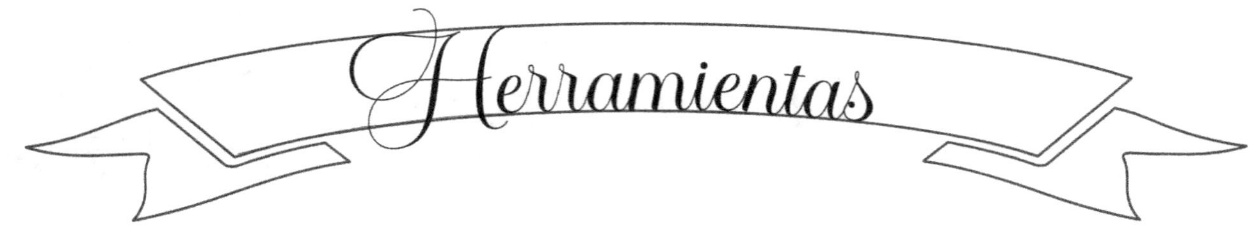

★ Tiza

Hay rotuladores que puedes comprar y antes de que te des cuenta serás un genio de la tiza, el efecto es fantástico y a todo el mundo le encanta una buena pizarra en la acera.

★ Papel

Hemos preparado este libro para que puedas utilizar el espacio disponible, pero si quieres practicar sobre algo, tienes que conseguir algún material pesado tipo cartulina. El papel fino, como el de impresora, es difícil de utilizar, así que es mejor invertir en algo más pesado.

★ Pluma Fudensosuke

En este libro, utilizamos un rotulador fineliner para la escritura monolineal.

Puedes encargarlo en cualquier tienda de manualidades.

★ Pinceles

Para la caligrafía en conjunto, puedes utilizar un rotulador pincel para la caligrafía a pincel y los diseños florales.

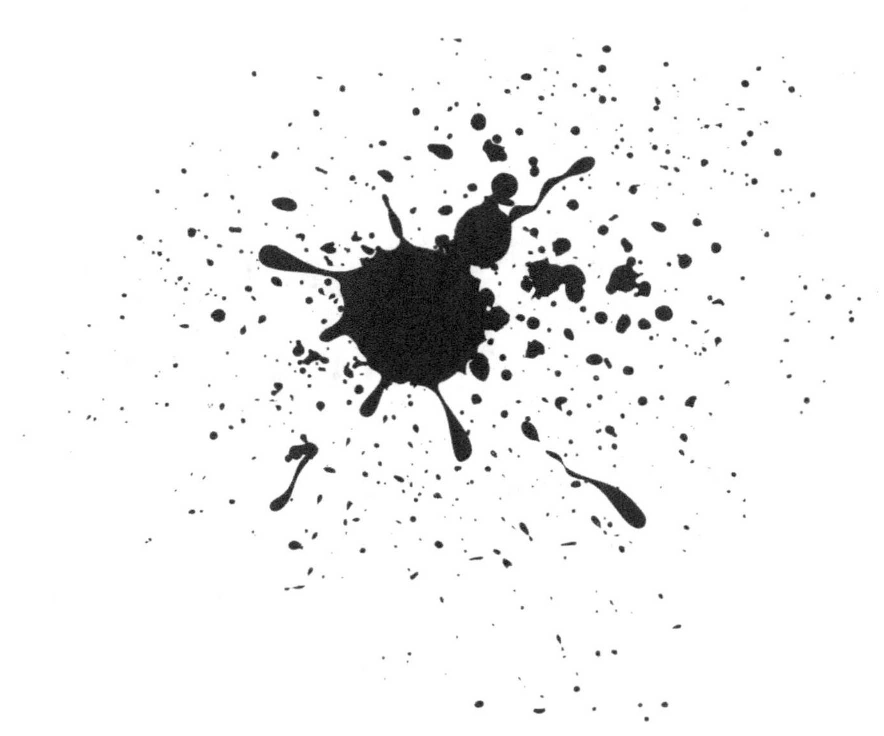

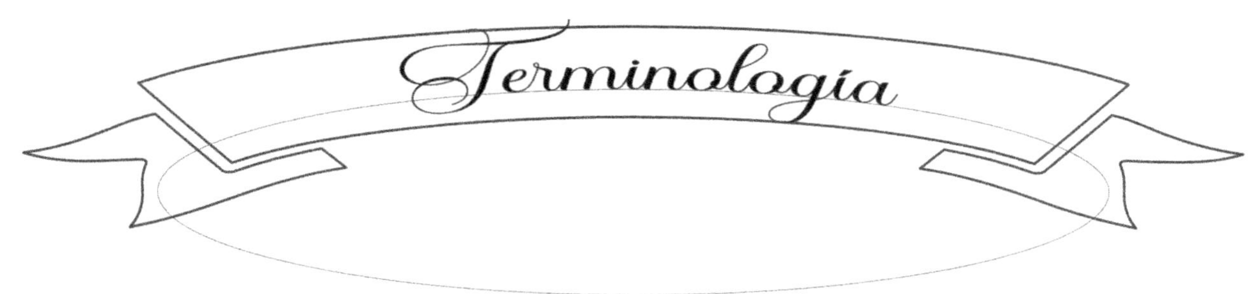

Si quieres aprender a escribir, primero tienes que aprender algunas palabras de vocabulario, ¡así que no te saltes páginas todavía!

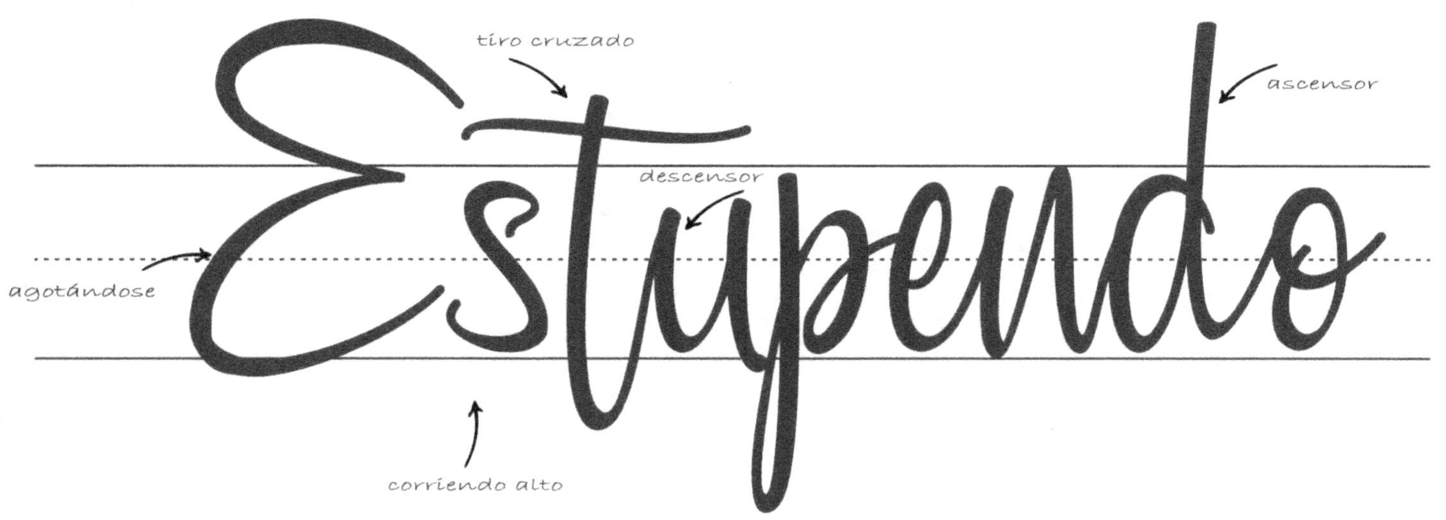

TRAZO DESCENDENTE: cualquier movimiento descendente del instrumento de escritura. Estos trazos son gruesos.

TRAZO ASCENDENTE: cualquier movimiento ascendente del instrumento de escritura.

Estos trazos son finos.

ASCENDENTE: la parte de la letra que se extiende por encima de la línea media (por ejemplo, la parte superior de la T que se ve aquí).

DISCENDENTE: La parte de la letra que queda por debajo de la línea de base (por ejemplo, la parte inferior de letras como la "g" y la "y").

FLUJO: los trazos y flechas añadidos que se utilizan para decorar o realzar las letras.

BARRA CRUZADA: trazos horizontales en letras como la "t", la "f" y la "H" mayúscula.

FORMA DE LA LETRA: la forma de una letra.

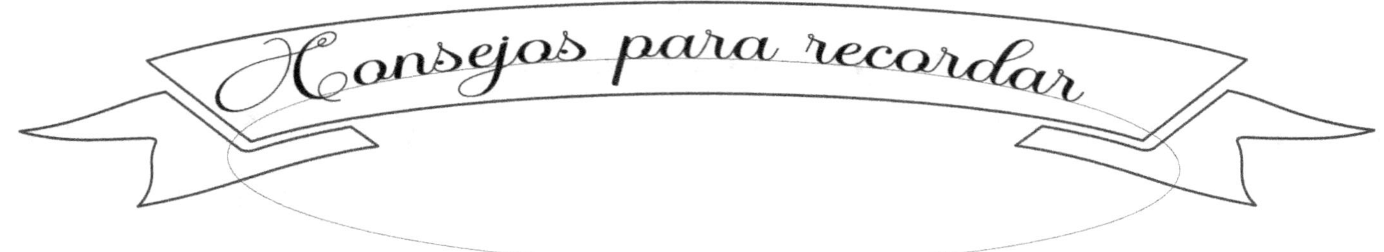

UNO: ¡El consejo más importante es escribir despacio! Piensa en escribir como si dibujaras cada letra, en lugar de simplemente escribir cada letra.

DOS: Empieza con un lápiz. ¡Puedes dibujar y borrar mientras perfeccionas las letras!

TRES: Recoge el bolígrafo entre trazo y trazo. A diferencia de la letra cursiva, en la que el bolígrafo recorre el papel durante toda la palabra, el lettering consta de varios trazos.

CUATRO: Como ya se ha mencionado, los trazos descendentes son siempre más gruesos en caligrafía.

CINCO: Los trazos ascendentes son siempre más finos.

SEIS: ¡Practica! En primer lugar, domina las formas de las letras. Después, aprende a conectar las letras mientras escribes palabras completas. Cuando domines las conexiones, practica la composición y el dibujo.

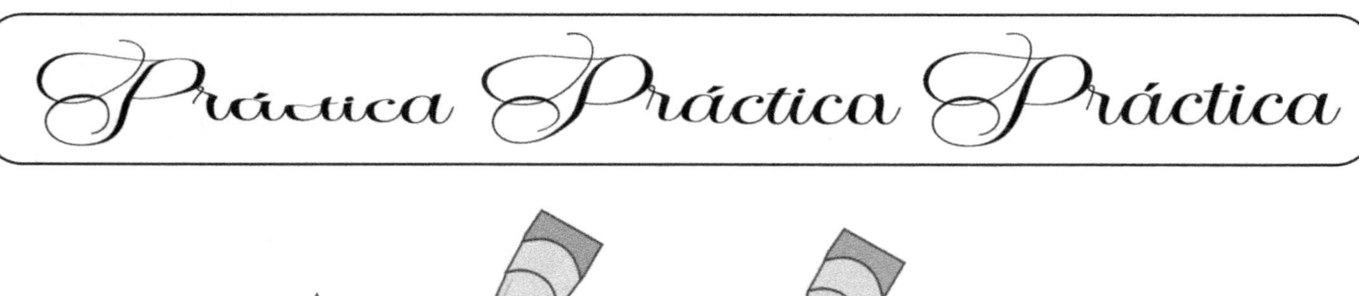

¡EN LA SIGUIENTE SECCIÓN EMPEZAREMOS A DIBUJAR LOS TRAZOS BÁSICOS Y LAS FORMAS DE LAS LETRAS!

PREPARA TUS LÁPICES, BOLÍGRAFOS Y PINCELES1 ¡COMIENZA TU VIAJE POR EL LETTERING!

Rasgos básicos
Introducción

TAMBIÉN SE CONOCE COMO "CALIGRAFÍA FALSA". ME ENAMORÉ DE ESTOS TRAZOS MÁS BIEN GRUESOS

EN MI CABEZA, PERO EN LA PRÁCTICA ME ENCANTA LA MONOLINEA. ES MÁS RÁPIDA (Y CREO QUE TAMBIÉN MÁS FÁCIL) Y

Y DEFINITIVAMENTE CANALIZA LA BESTIA ARTESANA DE PINTEREST QUE HAY EN MÍ. SE UTILIZAN ESENCIALMENTE LOS MISMOS

MOVIMIENTOS DEL ALFABETO DE PINCEL ANTERIOR, PERO MANTIENES UNA PRESIÓN CONSTANTE

COMO TU LETRA. NO HAY TRAZOS GRUESOS HACIA ABAJO. DE NUEVO PUEDES USAR LÁPICES O BOLÍGRAFOS

TAMBIÉN EN ESTE CASO, AUNQUE RECOMIENDO USAR LA PUNTA MÁS PEQUEÑA.

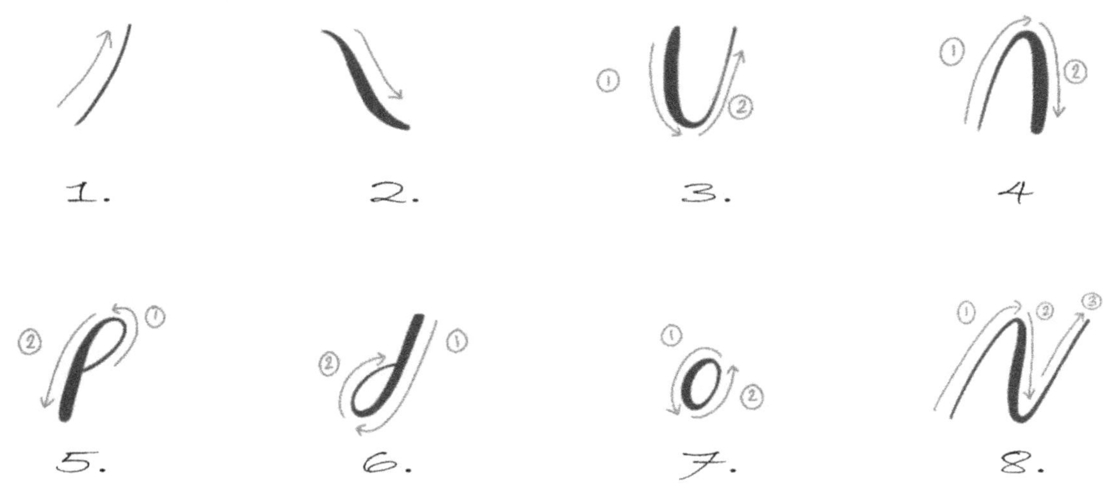

1.   2.   3.   4

5.   6.   7.   8.

1. Golpes Altos
2. Golpes Bajos
3. Revés
4. Revés de Marcha
5. Anillo Ascendente
6. Anillo Descendente
7. Oval
8. Curva Compuesta

Golpes Altos

- - COMIENZA DE ABAJO HACIA ARRIBA/SE APLICA EN UN MOVIMIENTO ASCENDENTE

- - FINO Y CONSISTENTE

- - APLICAR UNA LIGERA PRESIÓN

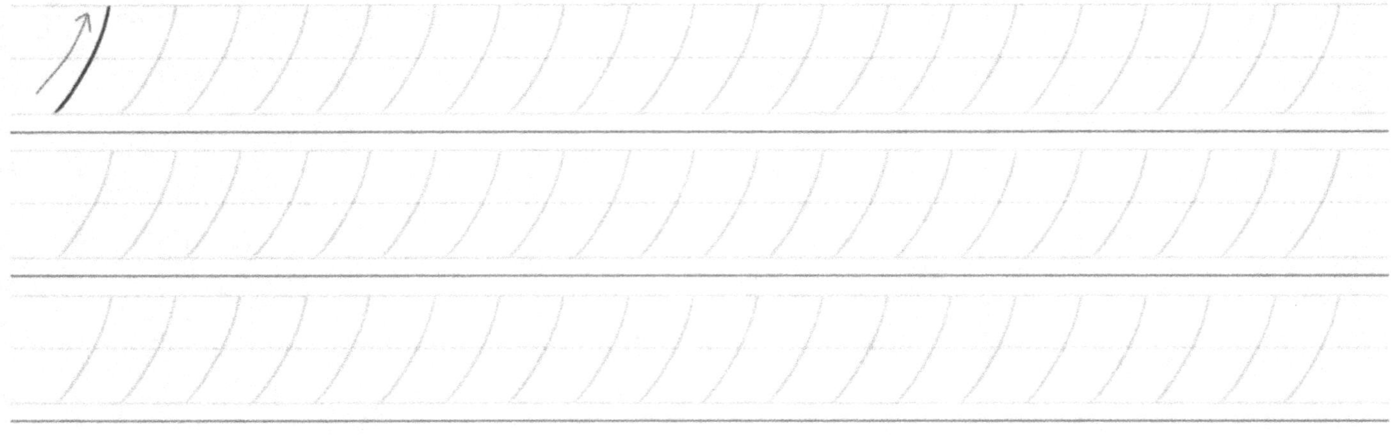

Golpes Bajos

- - AL CONTRARIO QUE CON LOS TRAZOS ASCENDENTES, COMIENCE DESDE ARRIBA HACIA ABAJO/ APLIQUE MÁS PRESIÓN CON UN MOVIMIENTO DESCENDENTE

- - EMPEZAR POR ARRIBA, MOVIENDO GRADUALMENTE EL BOLÍGRAFO HACIA ABAJO CON UNA PRESIÓN MEDIA, AUMENTANDO LA PRESIÓN A MEDIDA QUE SE LLEGA ABAJO

- - DISMINUYA LA PRESIÓN AL FINAL.

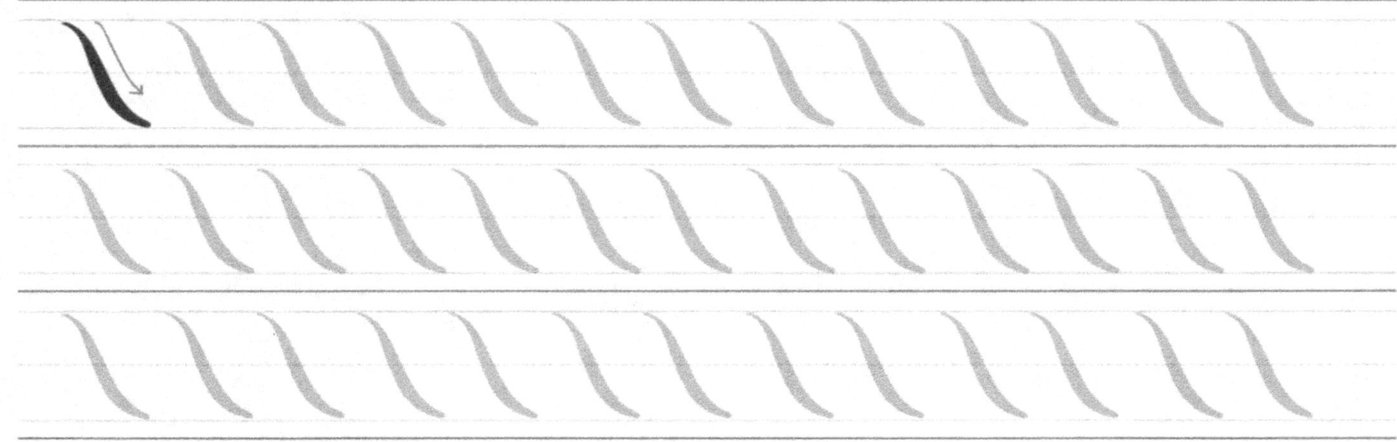

Sub-Vuelta

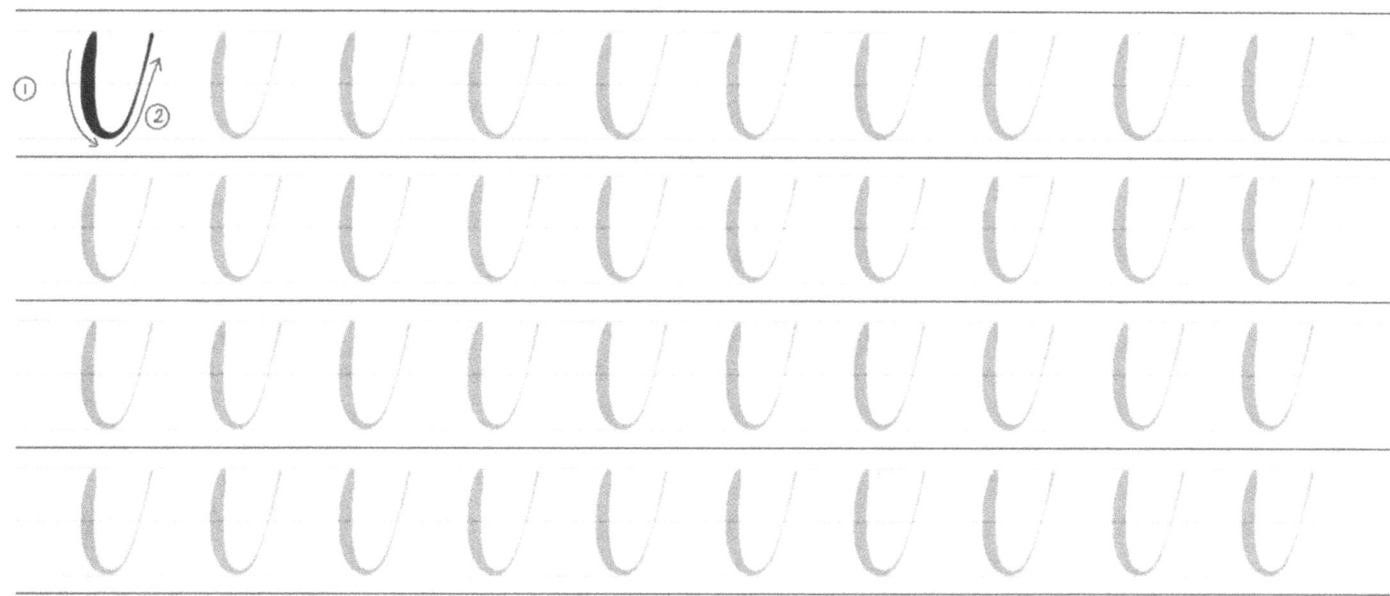

Turnaround

- LÍNEA ASCENDENTE, TRANSICIÓN A UNA LÍNEA DESCENDENTE GRUESA

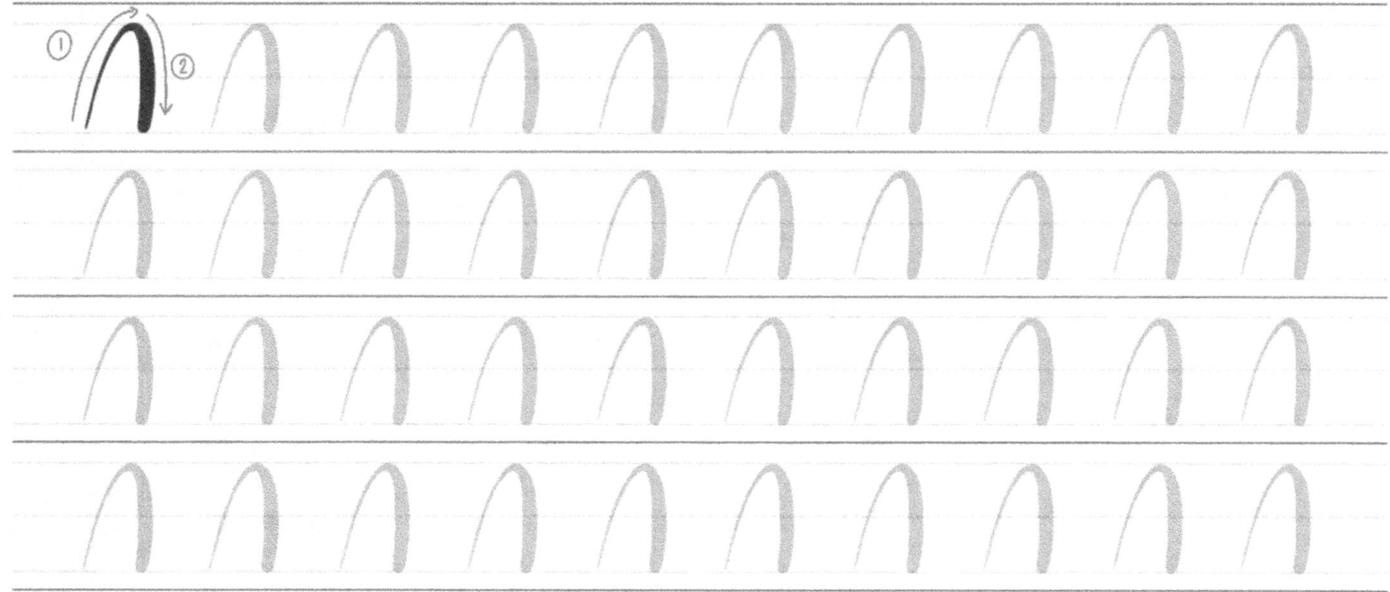

Anillo Ascendente

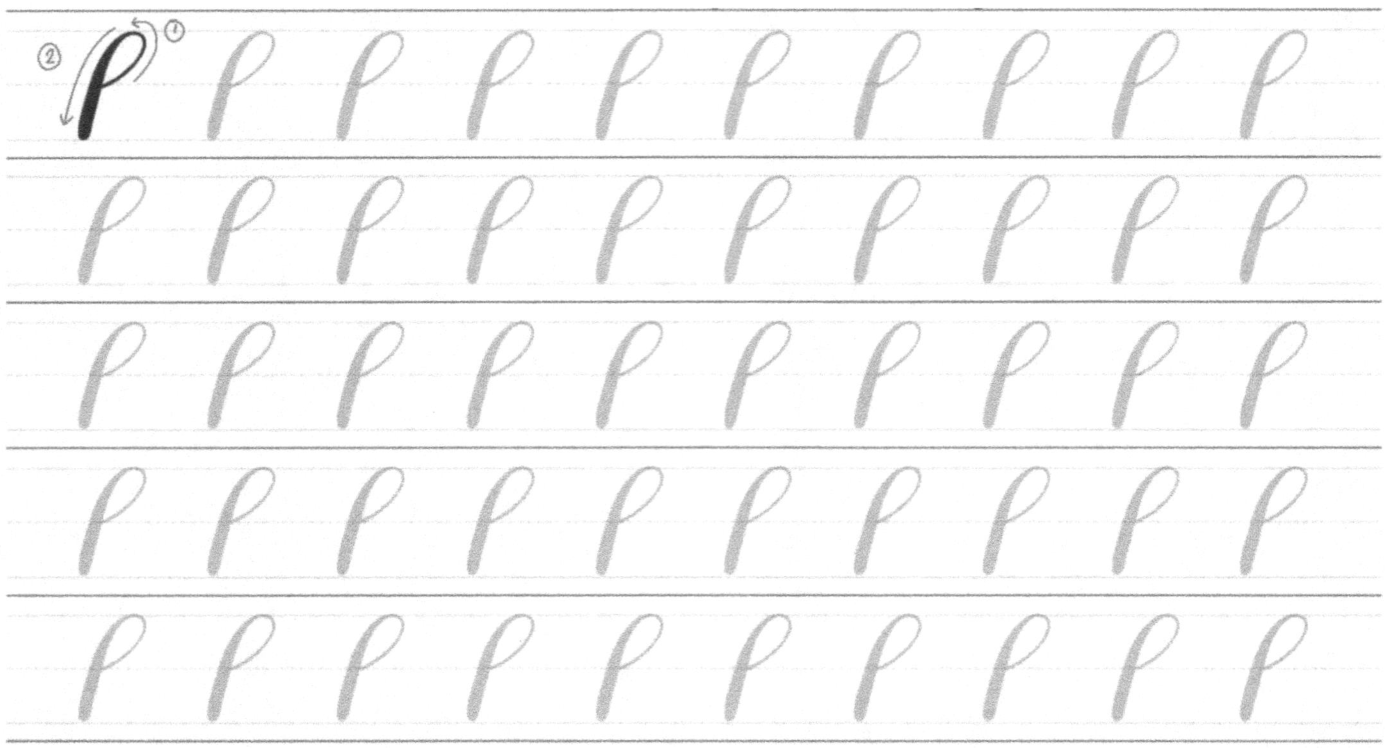

Anillo Descendente

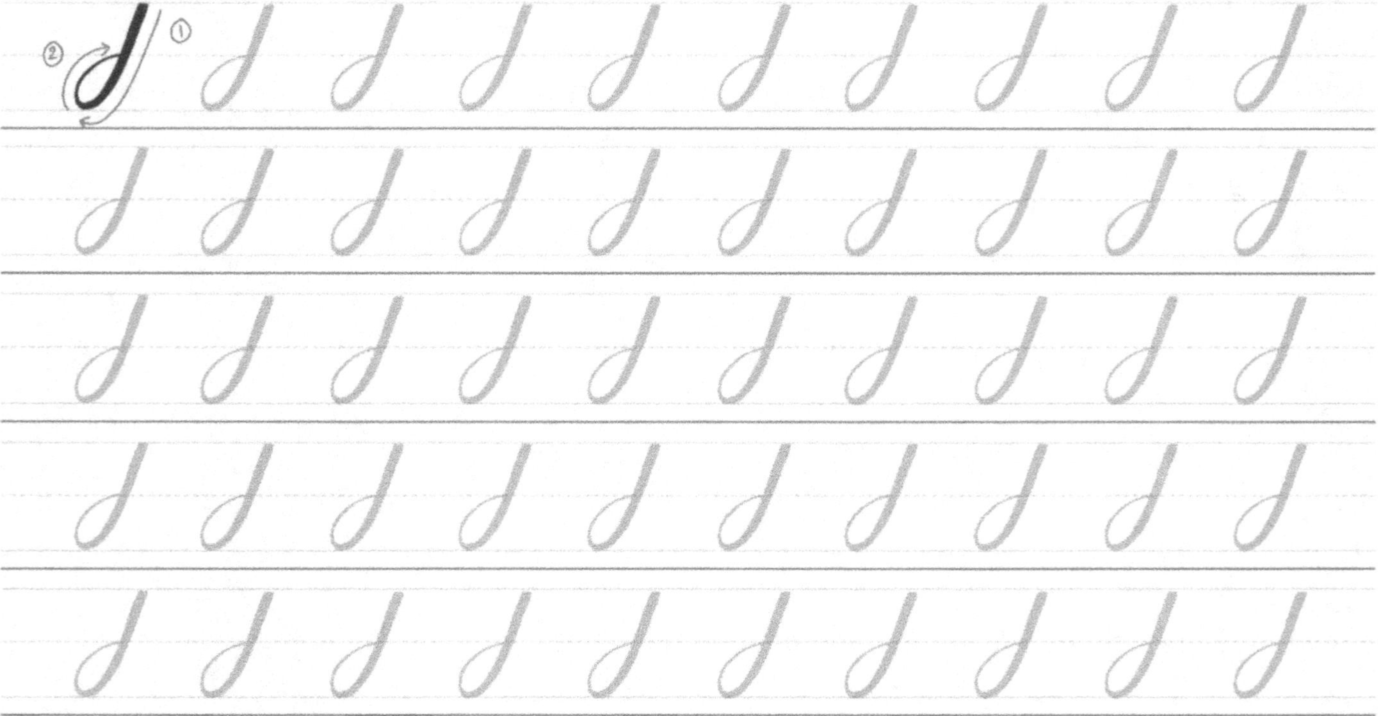

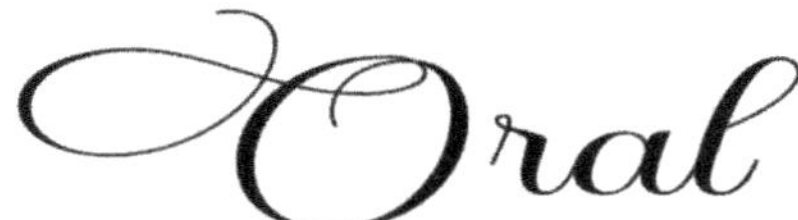

Oral

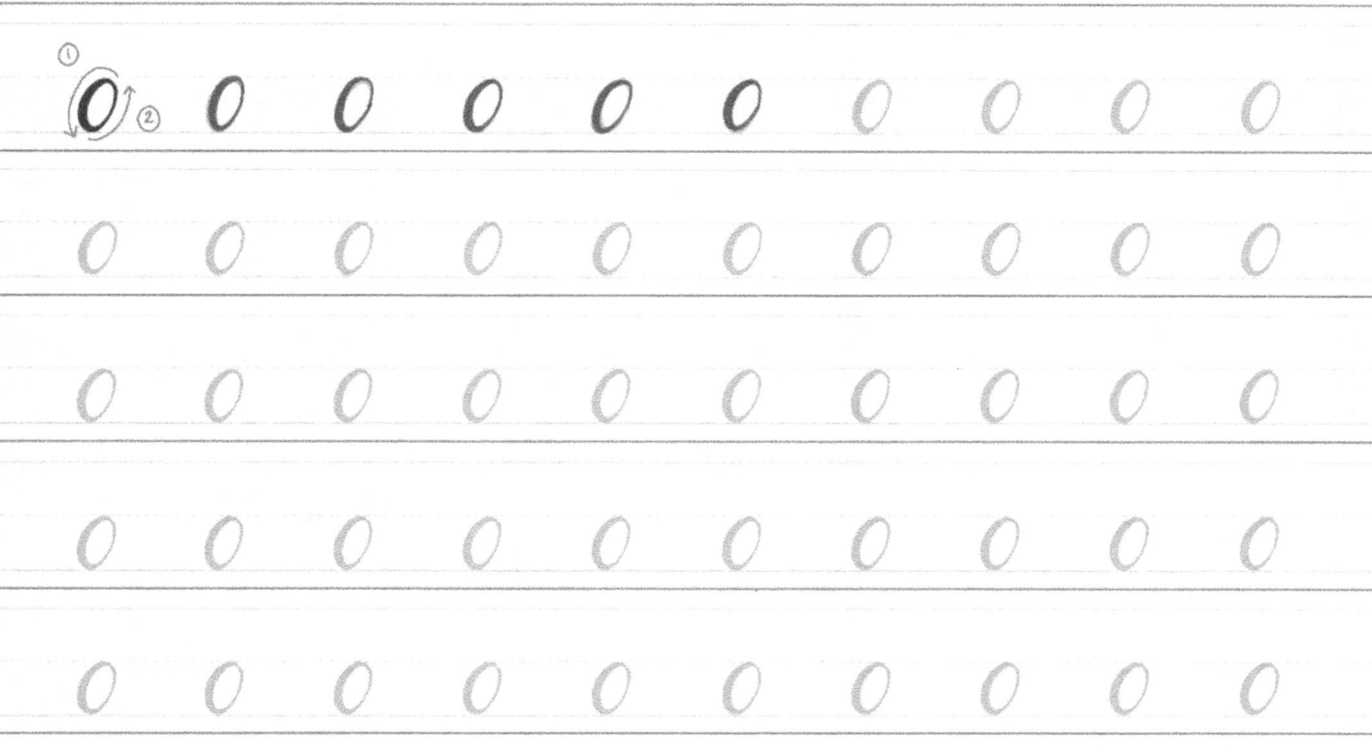

Compresión de Turnos

Caligrafía básica

ALFABETO MAYÚSCULAS - CARÁCTER UNO

A

B

C

D

E

F

G

Hoja de práctica

Caligrafía básica

Hoja de práctica

Caligrafía básica

ALFABETO MAYÚSCULAS - CARÁCTER UNO

Ñ

O

P

Q

R

S

T

Hoja de práctica

Caligrafía básica

u

v

z

w

x

y

Hoja de práctica

Caligrafía básica

a a a a a a a a a a a

b b b b b b b b b b

c c c c c c c c c c

d d d d d d d d d d d

e e e e e e e e e e

f f f f f f f f f f f

g g g g g g g g

Hoja de práctica

Caligrafía básica

h h h h h h h h h h

i i i i i i i i i i i i

j j j j j j j j j

k k k k k k k k k

l l l l l l l l l l

m m m m m m m m m

n n n n n n n n n n

Hoja de práctica

Caligrafía básica

ALFABETO LETRAS MINÚSCULAS - CARÁCTER UNO

ñ

o

p

q

r

s

t

Hoja de práctica

Caligrafía básica

ALFABETO LETRAS MINÚSCULAS - CARÁCTER UNO

Hoja de práctica

Caligrafía básica

PRÁCTICA DE MAYÚSCULAS Y MINÚSCULAS

A

a

B

b

C

c

D

Hoja de práctica

Caligrafía básica

PRÁCTICA DE MAYÚSCULAS Y MINÚSCULAS

Hoja de práctica

Caligrafía básica

PRÁCTICA DE MAYÚSCULAS Y MINÚSCULAS

Hoja de práctica

Caligrafía básica

PRÁCTICA DE MAYÚSCULAS Y MINÚSCULAS

Hoja de práctica

Caligrafía básica

Ñ

ñ

O

o

P

p

Q

Hoja de práctica

Caligrafía básica

PRÁCTICA DE MAYÚSCULAS Y MINÚSCULAS

Hoja de práctica

Caligrafía básica

PRÁCTICA DE MAYÚSCULAS Y MINÚSCULAS

Hoja de práctica

Caligrafía básica

PRÁCTICA DE MAYÚSCULAS Y MINÚSCULAS

Hoja de práctica

Caligrafía básica

ALFABETO MAYÚSCULAS - CARÁCTER DOS

A

B

C

D

E

F

G

Hoja de práctica

Caligrafía básica

ALFABETO MAYÚSCULAS - CARÁCTER DOS

Hoja de práctica

Caligrafía básica

ALFABETO MAYÚSCULAS - CARÁCTER DOS

Hoja de práctica

Caligrafía básica

ALFABETO MAYÚSCULAS - CARÁCTER DOS

Hoja de práctica

Caligrafía básica

ALFABETO MAYÚSCULAS - CARÁCTER DOS

a a a a a a a a a a a

b b b b b b b b b

c c c c c c c c c

d d d d d d d d

e e e e e e e e

f f f f f f f f f

g g g g g g g g g

Hoja de práctica

Caligrafía básica

ALFABETO MAYÚSCULAS - CARÁCTER DOS

h

i

j

k

l

m

n

Hoja de práctica

Caligrafía básica

o o o o o o o o o o o

p p p p p p p p p p p

q q q q q q q q q q q

r r r r r r r r r r r

s s s s s s s s s s s

t t t t t t t t t t t

u u u u u u u u u u u

Hoja de práctica

Caligrafía básica

v

z

w

x

y

Hoja de práctica

Caligrafía básica

Escritura

Amor

Belleza

Gracias

Dulce

Hola

Vida

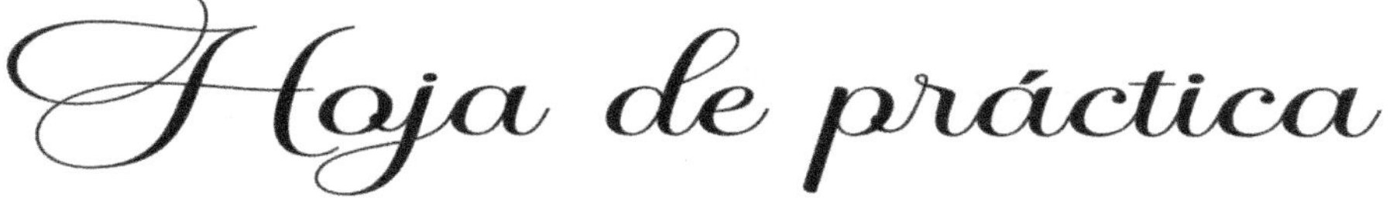

Hoja de práctica

Caligrafía básica

Sol

Luna

Mar

Vino

Familia

Felicidad

Libertad

Hoja de práctica

Caligrafía básica

EJERCICIO COMPLETAR PALABRA - PRIMER CARÁCTER

Sueños

Pasión

Arte

Flores

Tiempo

Música

Corazón

Hoja de práctica

Caligrafía básica

EJERCICIO DE COMPLETAR PALABRA - SEGUNDO CARÁCTER

Ángel

Estrellas

Color

Perfume

Sonrisa

Naturaleza

Esperanza

Hoja de práctica

Caligrafía básica

Magia

Poesía

Dolor

Aire

Aventura

Playa

Montaña

Hoja de práctica

Caligrafía básica

Sueño

Esperanza

Risa

Viaje

Libertad

Mariposa

Sabor

Hoja de práctica

Caligrafía básica

Abrazo

Alegría

Bailar

Cielo

Deseo

Estilo

Fantasía

Hoja de práctica

Caligrafía básica

Gato

Hermoso

Isla

Jardín

Luna

Maravilla

Noche

Hoja de práctica

Caligrafía básica

Océano

Pintura

Querido

Río

Sol

Tesoro

Sonido

Hoja de práctica

Hoja de práctica

"Me gustaría expresar mi agradecimiento por haber adquirido este libro. Le estaría sumamente agradecido si pudiera tomarse un momento para compartir su opinión. Esto contribuye en gran medida al crecimiento de nuestra pequeña empresa y nos permite llegar a más personas."

www.ingramcontent.com/pod-product-compliance
Lightning Source LLC
LaVergne TN
LVHW060341200726
843506LV00008B/566